EDICT DV ROY,

PORTANT CREATION & restablissement des Offices de Procureurs postulans

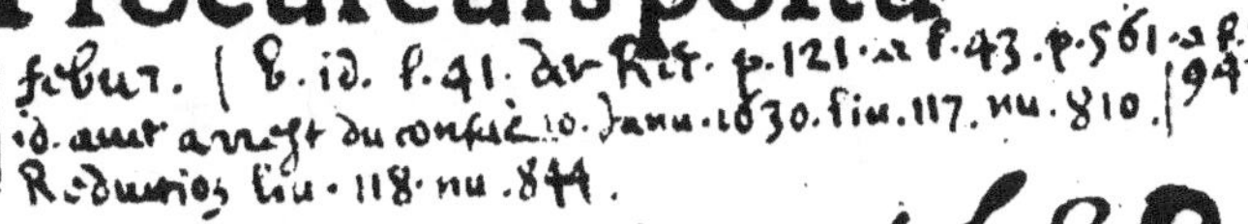

Publié en la Cour de Parlement, Chambre des Comptes & Cour des Aydes.

A PARIS.

Par FEDERIC MOREL, Imprimeur ordinaire du Roy.

M. DCXXI.

Auec priuilege de sa Majesté.

LOVIS par la grace de Dieu Roy de France & de Nauarre, A tous preſens & à venir, Salut. Depuis noſtre Edict faict ſur les remonſtrãces des Eſtats generaux cõuocquez en noſtre bóne ville de Paris, & les aduis qui nous ont eſté dónez en l'aſſéblee de Roüen, Nous auons receu nouuelles plaintes de pluſieurs Procureurs poſtulans, tant en nos Cours ſouue‑raines que Iuriſdictions Royales, ſubalternes & inferieures, de ce que le nombre eſtoit tellement accreu & deuenu ſi exceſſif en chacune deſ‑dites Iuriſdictions, qu'ils ne peuuent plus gaigner leur vie en faiſant leurs charges auec honneur & conſcience: d'où il aduient que ceux qui n'ont

A ij

biens & moyens d'ailleurs, sont contraints rechercher diuers artifices & subtilitez, pour multiplier & tirer en longueur les procez par incidens inutils & tres-dommageables aux parties, à la honte & au mespris de la Iustice & des Magistrats & Officiers qui sont employez à l'exercice d'icelle. A quoy desirant pouruoir pour le bien de la Iustice & soulagement de nos subjects, Nous nous sommes faict representer l'Edict faict par le Roy Charles IX. en l'annee mil cinq cens soixante douze, pour la creation desdits Procureurs en tiltre d'Office, & reduction à certain nombre reglé & limité en suitte d'autres Edicts, & Declarations faictes par nos predecesseurs Roys Louys XII. François I. & François II. celuy faict par Henry III. en l'annee mil cinq cens quatre vingts quatre, diuers Arrests donnez

en noſtre Conſeil du temps du feu
Roy noſtre tres-honoré Seigneur &
Pere que Dieu abſolue, Leſquels ayāt
faict examiner en noſtre Conſeil &
conſideré, puis que leſdits Edicts, Declarations & Arreſts n'ont peu em-
peſcher que leſdits Procureurs n'ayét
eſté accreuz & augmentez de temps à
autre, iuſques à vn nombre ſi exceſſif
qu'il excede de beaucoup en la pluſ-
part des Iuriſdictions, celuy à quoy
ils eſtoient reduits par les Reglemens
ſur ce faicts, qu'il n'y auoit autre meilleur moyen de faire ceſſer cét abus &
deſordre, que de faire executer & ob-
ſeruer exactement leſdits Edicts &
Declarations, les erigeant de nouueau
en tiltre d'Office, & les reduiſant à certain nóbre, qui ne pourra eſtre excedé par nous & nos ſucceſſeurs Roys à
l'aduenir, pour quelque cauſe & oc-
caſion que ce ſoit: y ayant grande rai-

son d'esperer que ce tiltre d'honneur
qu'ils auront d'estre nos Officiers, en
rendra le choix meilleur qu'il n'est à
present, & fera qu'ils seront plus soi-
gneux d'exercer leurs charges auec
honneur & conscience. Sçauoir faisons, qu'ayant mis cet affaire en deli-
beration en nostredit Conseil, où
estoiét aucuns Princes de nostre sang,
autres Princes Officiers de nostre
Couronne, & autres grands & nota-
bles personnages, De l'aduis d'iceluy
& de nostre propre mouuement,
pleine puissance & authorité Royale,
Nous auós par cettuy nostre present
Edict perpetuel & irreuocable, Dict,
statué & ordonné, disons, statuons &
ordonnons, qu'à nul autre qu'à nous
n'appartiendra cy apres d'establir des
Procureurs postulans & autres Officiers en toutes nos Cours souueraines
& Iurisdictiós Royales de cettuy no-

ſtre Royaume, Terres & Seigneuries
de noſtre obeiſſance, comme eſtant
vn droiᶜᵗ Royal: Et faiſons defenſes à
tous nos Officiers de quelque qualité
& cõdition qu'ils ſoiét, d'en receuoir
& eſtablir aucuns à l'aduenir ſans nos
lettres de prouiſion, bien & deuëmét
expediees & ſeellees de noſtre grand
ſceau. En conſequence dequoy,& des
Ediᶜts des Roys nos predeceſſeurs,
Nous auons en tant que beſoin eſt ou
ſeroit,de nouueau creé,& erigé,creõs
& erigeons par ces preſentes en tiltre
d'office formé,toutes leſdites charges
de Procureurs poſtulans en toûtes &
chacunes nos Cours de Parlement,
grand Conſeil,Chãbre desComptes,
Cours des Aydes, Bailliages, Seneſchauſſees, ſieges Preſidiaux, Preuo-
ſtez,Vigueries,Vicomtez,Eſleᶜtions,
greniers à Sel, & autres Iuriſdiᶜtions
Royales, pour y eſtre preſentement

par nous pourueu de la personne d
ceux qui sont de present en exercice,
qui voudrõt prendre lettres de nous,
& cy apres vacation aduenãt iusques
à vn certain nombre moderé, suiuant
les Reglemens qui en seront faits en
nostre Cõseil, par l'aduis des Officiers
de nosdites Cours & Iurisdictions,
que nous leur enioignons de nous
enuoyer incontinent apres la publi-
cation de nostre present Edict, pour
ioüir par lesdits Procureurs qui paye-
ront la finance à laquelle ils seront
moderémét taxez en nostre Conseil,
& prendront nos lettres de prouision
dans trois mois apres la signification
qui leur sera faite, des hõneurs, priuileges, fonctions, profits & esmolu-
mens y appartenans, tels & sembla-
bles qu'ils en ioüissent à present bien
& deuëmét. Et afin que ledit nombre
qui sera par nous reglé ne puisse estre
excedé

excedé , Nous declarons noftre vou-
loir & intention eftre que lefdites
charges de Procureurs demeurent
efteintes & fupprimees vacation ad-
uenant par mort, iufques à ce qu'elles
foient reduites au nombre porté par
lefdits Reglemés , fans qu'ils puiffent
eftre reftablis, ny ledit nombre aug-
menté cy apres , pour quelque caufe
& occafion que ce foit. N'entendons
toutesfois que les Procureurs qui font
à prefent en toutes lefdites Cours &
Iurifdictions, & qui exerceront leurs
charges en vertu des nominations &
Commiffions qu'ils ont cy deuant
obtenues de nos Officiers, puiffent
eftre contraints de prendre lefdites
lettres de prouifion fi bon ne leur
femble, ny qu'il leur foit faict ou donné aucun empefchemét en l'exercice
defdites charges à cette occafion leur
vie durant. Mais afin qu'il y ait quel-

B

que diſtinction entre ceux qui auront l'hôneur d'eſtre nos Officiers, & ceux qui ſe contenteront deſdites nomi-nations & Commiſſions, Nous vou-lons que ceux qui prendront noſdites lettres de prouiſion puiſſent reſigner leurs charges quand bon leur ſem-blera, tout ainſi qu'il eſt permis à nos autres Officiers : Et outre que noſdits Procureurs de nos Cours de Parlemét & autres Cours ſouueraines pourueus de nous, ſoient tenus du corps deſ-dites Cours, & ioüiſſent des meſmes priuileges & exéptions, tout ainſi que font les Huiſſiers d'icelles. Et pour le regard deſdits Procureurs qui exercét leurs charges en vertu deſdites nomi-nations & Commiſſions de nos Offi-ciers, & qui ne prendront noſdites lettres de prouiſion, ils ne pourront reſigner leurſdites charges ny ioüir deſdits priuileges, Ains voulons

que par leur mort elles demeurent
esteintes & supprimees, sans qu'il y
puisse estre cy apres pourueu par nous
& nos successeurs Roys, sinon que le
nombre qui sera porté par lesdits Reglemens ne fust remply. Et où par cy
apres aucuns Procureurs seroient ad-
mis & receus outre ledit nombre en
vertu de nos lettres de prouision , &
cōmission de nos Officiers par surpri-
se ou autremēt, Nous auons dés à present Cassé, reuoqué & adnullé, Cas-
sons, reuoquons & adnullons lesdites
prouisions & receptions : Faisons defenses ausdits Procureurs de s'immis-
cer en la fonction desdites charges à
peine de faux , & mil liures d'amende,
dōmages & interests des parties, pour
lesquelles ils auroient occupé faisans
expresses inhibitions & defenses aux
autres Procureurs sous les mesmes
peines, de leur prester leurs noms, ny

B ij

signer pour eux aucuns actes ou appointement. N'entendons par cestuy noftre prefent Edict innouer aucunes chofes, pour les Cours & Iurifdictions où les Procureurs iouiffent de leurfdites charges en tiltre d'office, en vertu de nos lettres de prouifion ou de nos predeceffeurs Roys deuëment expediees, ny que ceux qui prédront nofdites lettres foient tenus de fubir nouuel examen, ny prefter autre nouueau ferment que celuy qu'ils ont presté lors qu'ils ont esté receus.

Si donnons en mandement à nos amez & feaux Confeillers les gens tenans nos Cours de Parlemens, Chambres des Comptes, grand Confeil, Cours de nos Aydes, & autres nos Officiers qu'il appartiendra, que le prefent Edict ils ayent à regiftrer, & le contenu en iceluy faire garder & obferuer de poinct en poinct felon fa

forme & teneur, tant nos Bailliſs, Se-
neſchaux, leurs Lieutenans, Conſeil-
lers des ſieges Preſidiaux, Eſleus, Gre-
netiers, qu'autres Officiers des ſieges
Royaux de ce Royaume. Enioignons
auſſi à nos Procureurs generaux eſdi-
tes Cours, requerir l'entherinement
de noſtredit Edict, & faire iceluy pu-
blier & executer en chacune deſdites
Cours & Sieges, à la diligence & ſoin
de leurs Subſtituts : Car tel eſt noſtre
plaiſir, Nonobſtant oppoſitions ou
appellations quelſconques, & tous
Edicts & Ordonnances, Reglemens,
Arreſts, Couſtumes, vſances, priuileges & autres choſes à ce contraires,
Auſquelles & aux derogatoires des
derogatoires y contenuës, Nous auós
derogé & derogeons. Et afin que ce
ſoit choſe ferme & ſtable à touſiours,
Nous auons fait mettre noſtre ſcel à
ceſdites preſentes. Donné à Paris au

mois de Feurier, l'an de grace mil six cens vingt, Et de noſtre regne le dixieſme. Signé, LOVIS. Et ſur ledit reply, Par le Roy, DE LOMENIE. Et à coſté, Viſa, Et ſcellé du grand ſceau de cire verte ſur lacs de ſoye. Et encor ſur ledit reply eſt eſcrit,

Leu, publié, regiſtré, preſent, & requerant le Procureur general du Roy, ordonné que copies collationnees ſerôt enuoyees aux Bailliages & Seneſchauſſees, pour y eſtre leuës, publiees, regiſtrees & executees ſelon leur forme & teneur. A Paris en Parlement le Roy y ſeant, le dix-huictieſme Feurier 1620. Signé, DV TILLET.

Et encores ſur ledit reply eſt eſcrit,

Leu, publié & regiſtré en la Chambre des Comptes, ce requerant le Procureur general du Roy par le commandement de ſa Maʒeſté porté par Monſieur le Prince de Condé, venu expres en ladite Chambre, aſ-

fisté des sieurs de Chasteau-neuf, President
Ieannin & Vignier, Cõseiller en ses Con-
seils d'Estat & Priué, le 24 iour de Feurier
mil six cens vingt. Signé, BOVRLON.

Leu, publié & regisrré par le commandement du Roy, porté par Monsieur le
Prince de Condé, assisté des sieurs de Chasteau-neuf, Ieannin & Vignier, Conseillers
au Conseil d'Estat de sa Majesté, ouy &
consentant le Procureur general. A Paris
en la Cour des Aydes, le 24. Feurier 1620.
Signé. PAVLMIER.

Collationné à l'Original par moy Conseiller,
Notaire & Secretaire du Roy.

www.ingramcontent.com/pod-product-compliance
Lightning Source LLC
LaVergne TN
LVHW010812180726
843502LV00011B/4477